뒤돌아보면, 비

이 도서의 국립중앙도서관 출판예정도서목록(CIP)은 서지정보유통지원시
스템 홈페이지(http://seoji.nl.go.kr)와 국가자료종합목록 구축시스템(http://
kolis-net.nl.go.kr)에서 이용하실 수 있습니다.

(CIP제어번호 : CIP2019037942)

지혜사랑 204

뒤돌아보면, 비

이정숙

시인의 말

너를 만난 후,
닫힌 문이 열리고
굽이치는 문장들
가슴을 스칠 때마다
낮과 밤이
평행을 달리며
내게 길이 되었다

지금,
가을 뜨락에
발을 들이고
설렘과 소망의
열매 하나
내어 놓는다

네가 있어
길을 나설 때나
혼자일 때
벗이 되어 준다는 것
참 고마울 뿐이다.

2019년 초가을
이정숙

차례

시인의 말 ——————————— 5

1부

날아라 나비 ——————————— 12
라일락 꽃 익어갈 때 ——————— 13
물의 숲 ————————————— 14
뒤돌아보면, 비 ————————— 16
엄마의 달 ———————————— 17
바람과 새 ———————————— 18
따뜻한 모자 —————————— 20
겨울 창가에서 ————————— 22
웃는 골목 ———————————— 23
일어서는 바닥 ————————— 24
숲에서 우리는 ————————— 26
그림자의 저녁 ————————— 28
여정 —————————————— 29
생각하는 나무 ————————— 30
돌아오는 길 —————————— 32
아름다운 날 —————————— 33
내 안의 시간 —————————— 34
허기진 배 ———————————— 36
배려의 손과 발 ————————— 38

2부

바람의 덫 — 42
안녕 — 44
낙엽의 귀 — 46
빗방울 사람 — 47
메타세쿼이아 숲길에서 — 48
사랑은 — 50
신록 — 51
시인의 강 — 52
그대에게 가는 비 — 54
12월 — 55
천변의 봄 — 56
언덕 위에서 — 58
무심하게 — 60
소나무의 촉 — 61
어떤 만남 — 62
나이트블루밍쟈스민 — 63
강촌 가는 길 — 64
두 개의 문 — 66

3부

양말 한 짝 — 70
고독한 빙수 — 72
흰 눈 소나타 — 74
봄의 미소 — 75
이런 된장 — 76
2월과 3월 사이 — 77
둥근 세상 — 78
바람이 다녀갔다 — 79
풀잎 — 80
해변의 리듬 — 81
빈집 — 82
가을 길 — 83
소곤소곤 — 84
오후 햇살 — 85
장미의 연인 — 86
겨울 새 — 88
나무에 기대어 — 89
갈망 — 90

4부

손 편지	94
저녁 7시, 플라타너스	96
손끝의 가을	97
흔적	98
비의 연가	100
3월에 내리는 눈	101
꽃무릇	102
노랑! 당신	103
절정	104
초록의 파장	106
폭우	107
만추	108
무심코	109
내란	110
비에 젖는 목련	112
여름 나기	114
자목련의 사랑	115
투명해지는 밤	116
불면의 끝	117

해설 • 너머의 풍경을 보여주다 • 황정산 ——— 120

• 일러두기
  한 연이 첫 번째 행에서 시작될 때는 > 로 표시합니다.

1부

날아라 나비

봄비가 가지런히 내리는
이른 아침
따뜻한 차 한 잔의
으시시한 마음이 열리네

기울인 찻잔에 스며든 나비
입술을 대면
아른거리는 날갯짓
한 모금 물 때마다
솟을까 말까 팔딱거리네

뿌연 유리창에 마주한 홍매화
이슬처럼 눈물 고이고
어쩌다 부는 바람에
온몸으로 나부끼네

싸늘한 찻잔 속
날개 접힌 한 나비
어둠에 젖은 채
날아갈 줄 모르네

라일락 꽃 익어갈 때

목련이 벚꽃과 나란히
사위어갈 때
그 사람 호수 곁으로 찾아 왔다
뿌리의 부름켜를 반석 삼아
허공에서 맨살의 투혼을 펼치는
황홀한 열정

바라보는 눈동자는
그의 눈물이 되고
코끝의 맴도는 향기는
나의 숨결이 되고
흩날리는 꽃잎 하나조차
인연의 보랏빛 살결이 된다

밤 깊어지면
홀로 천 길 벼랑 끝에 핀 꽃등 한 점
세상 두려울 것 없는 나는
처음 사랑의 불꽃 되살리고
먼데서 불어 온 바람은
그의 앞에서 깊이를 알 수 없는
고요를 이룬다

물의 숲

호젓한 물가를 지나다
산 그림자 반쯤 걸친 호수를 보았네
물새 한 마리
뒤꿈치에 놀란 잔물결 하나
내 마음 담긴 깊은 숲을 보았네
호면에 밀려드는 고요
도무지 찾아갈 수 없는 이방의 물속처럼
어스름 속으로 잦아들고 있었네
나는 온몸을 기울여
석양빛에 몸을 실었네
꿈인 양,
사라진 아틀란티스 어느 황홀한 숲의
붉은 요정이라도 된 듯 물속을 나풀거렸네
어디쯤일까
빠른 유속을 타고 다다른 서녘 끝
어머니의 긴 신음 속으로
움트는 한 아이
미지의 몸으로 다시 태어나듯
달처럼 물 위로 떠올랐네
가끔 해 저문 그루터기에 앉아
빙그르르 떠나가는 먼 숲을 바라보면
파란 물비늘처럼 싸고도는

투명한 슬픔 하나
손바닥에 걸쳐 나오네

뒤돌아보면, 비

저녁비가 소슬하게 내린다
모두가 바쁘게 돌아가는 시간
불빛이 명멸하듯 시들어지면
빗줄기는 굳은 길목으로 파고든다

깊은 어둠속으로 흘러가는 길
어느 창백한 가로등 아래 서면
우수憂愁로 부르튼 날들
가슴 깊이 젖어드는데

무심히 발길 닿는 곳마다
물웅덩이
마음속에 쌓인 눈물일까
끝내 비워내지 못한 채 서성이며

안개가 밀어낸 바람결에
소리 없이 찾아 드는 슬픔
거기, 꺼지지 않는 한 시절
그 빗속을 거닐고 있다

엄마의 달

나물을 볶다가
어둑해진 베란다에 서서
달을 어루만진다
잠시 아득한 달빛 속에는
벽 그늘에 기대 앉아
자정의 어둠보다
더 짙어지던 얼굴

밤 깊어갈수록
왁자지껄 되살아나는
별무리 사이
말을 잃어가는 달

끝내 영원할 것 같은
당신의 가슴이 이지러진다
내 눈동자 속으로
엄마의 달 이울고 있다

바람과 새

어디로 들어왔을까
이름 모를 새 한 마리
새장이 되어버린 건물 안에서
몇 시간째 사투를 벌이고 있다
여린 부리는 마지막인 듯
천장의 작은 창을 어지럽게 쳐대며
간헐적 울음을 뿌리고 있다
숨 죽이며 손을 뻗으면
더욱 높이 올라가 아득해지는 새
어쩌자고 사람의 문으로 들어와
벼랑의 끝인 양 몸부림치는가
그는 알고 있을까
깊은 어둠속 빛이 다 스러지기 전
기필코 벗어나야 한다는 것을…
그러나
시간처럼 흘러버린 새는
벽 그늘에 시든 나뭇잎같이 흔들렸다
바로 그때
이층 벽과 나란히 붙은 통창이 열리고
푸른 바람이 왈칵 쏟아져 들어왔다
그는 사라졌다
낡은 창문턱의 회한처럼

몇 개의 깃털만 남겨 놓은 채
건물 안은 뜻 모를 텅 빈 기쁨만이
적막 속을 흐르고 있다

따뜻한 모자

된바람이 설쳐대는 저녁이다
사람들의 발길 뜸해진 거리
울타리도 없는
황량한 네거리 차도 옆에
거무튀튀 장작구이통 리어카가 들어섰다

얼굴 숙인 채 고구마 굽기에 열중하는
남루한 모자
엄마의 면장갑은 검게 그을리고
사춘기 아들 모자는
시린 귀를 덮지 못했다

붉은 신호등에 행인의 발길이 멈추고
검정패딩잠바 걸친 한 남자가
빠른 주문을 한다
나도 다가가 한 봉지를 주문했다
노릇노릇 구워지는 달큰한 냄새의
편해지는 얼굴들

엄마는 틈틈이 아이 볼을 쓰다듬고
자신이 쓰고 있던 재색 털모자를
아들에게 씌워준다

설핏, 정수리에 내려앉는 환한 별빛
기다린 듯 터져 내리는 눈발

모자를 지키는 장작불은
쉴 새 없이 다디단 향기로 길을 열며
사람들을 끌어 모으고
입가에 번지는 하얀 미소가
시린 모자의 얼굴에
포근한 눈꽃으로 피어나는 밤이다

겨울 창가에서

숲에서 새 한 마리
힘겹게 날아간다
그 끝으로 검은 고요가 쌓이고
동지冬至 가까운 시간은
길게 몸을 늘인다
절정의 순간은 짧은 햇빛을 삼키며
멀쩡한 구름조차 안개처럼 풀어져
허공의 모든 길들을 닫아버리고
어느새 얼어붙은 오동나무의
그림자마저 지운다
바람이 잠잠해진 오후 두 시
베란다 창틀에 쌓인 먼지는
내 마음의 웅크린 틈새로 스며들고
멀리 숲 가까운 데 서 있는
녹색 신호등은
아득한 추억처럼 깜박거리는데
나는 모두를 떠나보낸
한 그루 겨울나무
돌아오지 않는 새를 기다리며 서 있다

웃는 골목

담과 담벼락이 붙을 듯
좁디좁은 서울의 어느 골목길
일렬종대만이 통과 가능한
불안과 그늘이 공생하며
발걸음 자꾸 주춤대던 길

녹슨 대문을 마주한 담쟁이는
축축 늘어진 몸 벽 그늘에 묻고
바람조차 한 자락씩 갈라져
사라져가던 골목
가끔 등 굽은 할매가
문턱에 걸터앉아 지팡이로
늙은 햇볕을 긁어대곤 했다

담장 밑에 꽃나무가 들어서고
바람이 어깨위로 살랑거리며
풋풋하게 다가오는 골목
등허리 휘던 흔적만이
고스란히 남아
밤하늘 초승달로 기우는데
지나간 낡은 골목은 문득,
어머니의 긴 잠 같기도 하다

일어서는 바다

이따금씩 하늘은 푸른빛으로
또는 잿빛으로 뒤척이며
텅 빈 마음 적시고
서서히 흑빛으로 멍울진 구름 한 덩이
사나운 눈물 왈칵 쏟는다
바람 든 빗줄기는
빈 거리에서 흩어져 뿌리 내리고
막 피어난 냉이꽃이며
돌 틈 사이 샐쭉 치켜 든 민들레
이리저리 뒤틀리다 그늘진
저편으로 흘러간다

시린 발등을 두 손으로 감싸며
생의 바닥에 납작 몸을 붙이자
무심히 스쳐 지나간 상흔들
이미 잠겨버린 마음의 출구에서
어지럽게 요동치는 몽유의 나날들
열 손가락 마디마디가
비의 뼈처럼 흐물거린다
한동안 헤맨 물길 속에서
이제 나는
어둠의 젖은 바닥을 치고

구름 걷힌 환한 햇살 한 줌
내면 깊숙이 품어보리라

숲에서 우리는

푸른 바람이
은사시나무 사이로 붐비는
저녁 길에서
외인처럼 서성이다
이정표 없는 숲을 향해 간다

등을 기댄 채 우리는
말없는 시간을 남기고
아득히 꽃들은 떨어지고
어쩌다 비스듬히 쌓인 낙엽처럼
마음에 동그란 울음을 남기고
돌아서야만 했던 것일까

아물지 않은 기억은
한 줄기 바람을 품은 그늘에서
서서히 두드러지고
그리움이 깃든 마음 한 켠에
오롯이 살아나는 숨결

오랜 바람이 드리워진 걸까
온몸에 파고드는 생기 따라
버드나무 숲에라도 들면

그의 손길인 듯
마냥 머뭇거리기도 하는데

눈앞에 스치는 에움길 하나
햇살 기웃대는 숲길에선
그 누가 나를
맞이하며 서 있을까

그림자의 저녁

잿빛바람 몹시 부는 날은
하루해가 짧게 여물고
흐트러진 마음 미처
여닫지 못한 채
긴 밤에 풀어놓으면
송곳처럼 일어서는 고독

무엇이 나를 흔드는가
가끔 어둠속에 서서
보이지 않는 심연의 저쪽
그렁한 눈으로
수렁 같은 터널 더듬으면
알 수 없는 단단한 벽, 온통 벽들
끝내 돌아서고야 마는

결별을 미룬 채
잠시 걸친 외투 같은 저녁을 맞는다
아득한 곳에서 슬몃, 치고 올라오는
텅 빈 바람의 심술
그 안에서 나는
나의 빈 그림자를 발견한다

여정

새벽비가
봄빛을 깨우며 가슴을 적신다
파리한 유리창에
안개처럼 스며 든 뽀얀 꽃
겨우내 못 이긴 그리움이
내 곁에 피어난 걸까

마음속에 더부룩하게 솟아난 길
어떤 미련이 남겨놓은 슬픔인 걸까
튀는 빗방울은
잡고 싶은 너의 야윈 손
침상에 무겁게 누워 있는 내게
말없이 훑고 가는 차디찬 눈동자

빗줄기가 바람을 탄다
잠시 들떠있던 바닥이
가만히 젖어드는지
내면으로 열리는 나의 길은
흔들리는 불빛 속에서
한 방울 눈물로 떠나가고 있다

생각하는 나무

비의 예보일까
내 몸 어디선가
이상기후가 물집처럼 잡힌다
긴 생각 끝에 최후의 보루는
불 끄는 일

먼저,
천장의 단단한 조명을 잠재우리라
그리고 벽면에서 번뜩이는
무성한 불빛에 잡힌 잔상을 지우리라
헝클어진 이불을 잘 편 다음
전신을 곧게 뻗어 침상에 붙이리라

오늘밤은,
푹 빠져있던 폰의 유혹마저
완강히 뿌리치고
깊은 잠의 날개를 드리우리라
마침내 아침을 여는
여명의 빛도 차단하리라

내안에서 달콤한 혀로
하염없이 자라나는
.

회의懷疑를 끊어버리고
설령 잠속에서 나의
이상이 보일지라도
결코 두렵거나 돌아보지 않으리라

돌아오는 길

찬바람 속
가을비가 휘날린다
머리칼 오므리며 낯선 기차에
몸을 실었다

긴 숨 허공에 매달며
떠나가는 기차에
아련히 젖어드는 외로움
빗물지는 차창에 어리는 얼굴

아직도 기억의 갈피마다
그리움은 차올라
끝내 지울 수 없는
사랑의 꽃 진 자리

귀로의 내 발길 닿는 곳에
이제 어둠은 흩어지고
가로등 홀로 불 밝힌
길 위를 걷고 있다

아름다운 날

화사한 햇살 앞에서
하루를 시작합니다

어제 내린 큰비가
초목을
더욱 푸르게
되살린 듯합니다

밤새 가시지 않은
낡은 생각들을
단단한 햇볕에
꺼내 놓으며

한나절 일들을
풀어놓고
하나씩 하나씩
지울 때마다

주홍빛 노을은
내일을 향한
꿈을 잉태하며
지그시 저물어 갑니다

내 안의 시간

열린 문이 닫히고
무음 무색무취의
순간들 드리우면
나는 아슬한 벼랑에 선다

저 한낮의 적요는
황사와 미세먼지로 팽창하며
회색 도시를 짓누른 채
시간은 통증의 수위를 높여 간다

무심코
고개 돌린 눈앞에 스치는
기억의 프리즘
아른대는 흔들림은 무엇인가

네모 반듯 액자틀 속에
나란히 갇힌 것들
점점 침잠되는 실루엣 한 점
외면하며 단단히 버티는
눈물 젖은 그림자

덜컹,

소리가 걸린 문틈 사이로
비치는 해거름이
내 뒤편의 깊은 잔상을 지우고 있다

허기진 배

검푸른 바다는
제 몸 평평히 누일 날이 없다
뜨거운 햇살 속
거친 파도 일으키며
종일 비틀어대는 포효

미지의 일몰을 품은 바다에
누군가 남기고 간
쪼그라진 배 한 척 철썩거린다
해풍에 돋아난 해당화 몇 잎 흩어지면
배는 뭍에서 점점 멀어져가고
천길 어둠 세찬 물살로
서럽게 흔들리는 뱃머리

한때는 만선의 꿈을 안고
망망대해로 향하던 그 아침은 사라지고
바다 끝 노을 바람이 밀려온다
아득히 떠나가는
낡은 추억의 뱃고동 소리
그 끝을 붙드는 한 아이

홀연 시그널처럼 우뚝 솟은 북극성

별빛 쏟아지는 밤바다에 서서
나는 지울 수 없는
유년의 가난한 배를
하얀빛 파도에 실어 보낸다

배려의 손과 발

초보 운전 시절
'초보'라는 두 글자 붙이고
아는 길만 조심조심 다니다
열흘도 채 안 된 어느 날
괜한 오기를 부리게 되었다
가지 않은 길 가보려고
가던 길 이탈하여 달리다가
뜻밖의 지하차도를 만났다
차선을 바꾸려고 방향지시등 켠 채
서행하며 몇 번 진입을 시도했으나
무지막지하게 달려오는 차량에 잡혀
사선에서 쩔쩔 매던 그때,
멀리 깜박등을 켜고 천천히
진입하도록 기다려주던 은색 차량
깊은 배려의 손길 보았다
그날 이후
무법천지 같은 차도에 나서면
은빛 햇살에 꽂히는 눈이 되고
내 마음에 잠긴 음악을 튼다
인정 없는 무지차량들에게 때로는
경고음 울리기도 하며
가끔씩 마주치게 되는

좁은 골목을 나와 정지된 채
차도에 들어서지 못하는 차량이나
혹은 차선을 바꾸기 위해
애쓰는 방향등을 볼 때
나는 가속 페달에서 서서히
발의 무게를 뺀다
직진의 텃세를 빼는 것이다

2부

바람의 덫

정오에 시계 바늘이 걸렸다
창밖엔 뜻 모를 광풍이
길길이 날뛰고 있다
누군가를 찾아 헤매던
그 비루한 날들이
바람 되어 휘몰아치는 걸까

손마디 꺾이듯 휘어지는 나뭇가지
아슬하게 덜컹대는 낡은 간판들
사람들은 불안한 허공을 이고
종종걸음을 친다
한 그루 백목련이 역풍 한 자락에
진창길을 이룬다

살아가다 보면
회리바람 부는 날 더러 있다
수년 전 불었던 그 바람이
오늘 방문한 것일까
오랫동안 동락했던 친구가
바람 때문에 눈물 흘리고
바람 때문에 멀리 떠나간 적 있다
참 고요했던 바람의 끝

>
　오늘따라 이중문이 너무 얇은 듯
　마음속에 바람이 들었는지
　헐렁한 마음 남겨 놓은 채
　바람은 햇빛을 가르며 서둘러 가고
　두려운 거리는 서서히
　살아나는 온기에 기대어
　또 하루를 건너가고 있다

안녕

거실 한 쪽 안개꽃이 시든지 오래
부스스 낡은 꽃잎이 흩날린다

베란다 초록식물이 폭염에 쓰러지고
긴 여름을 푸르게 건너 온
고무나무 한 그루
줄기 사이사이에 꽃잎가루 뿌려준다

지독한 열기 앞에서
날마다 뱃살 드러내고
밤낮으로 바람을 손끝에 붙잡고
허덕이던 나날
내 몸 팔월이 열병처럼 끓어올랐다

시계의 초침은
어느덧 언덕을 기어오르고
바람 자락에 흠칫 놀라는 유리창
마룻바닥에서 추운 꿈을 꾸었다
한기 든 몸이 되어
뜨거운 물 한 잔에 마음을 적신다

여우비가 다녀간 것일까

아련히 일렁이는 초록빛의 소요
먼데서 불어 온 알싸한 바람에
창밖의 나뭇잎이 떨어진다

타오르던 여름날의 기억
못 잊을 그리움이여!

낙엽의 귀

허공에 가만히 눈을 들여보니
자분자분 붉은 바람이 날고 있다
푸름에서 붉음으로
사위어 가는
나뭇잎들의 은밀한 곡예

바스락 대는 소리에 놀란
나의 눈이 길을 닫는다
빽빽하던 귀가 열리고
다시 붉고 노란
두툼한 길이 열린다

높다란 숲이 바람에 붙들려
싸르싸르 소란스럽다
아무렇게나 흔들리는 몸

지금, 한 잎이
포물선을 그리며
살포시 내 옷깃에 와 붙는다

빗방울 사람

메마른 창가의
덩그러니 놓인
한 잎의 기억
빗방울 하나 날아든다

누구의 얼굴일까
빗금 사이로 여울지는
검은 눈망울
부서지는 미소

빗방울 하나의 사랑
빗방울 하나의 눈물
안으로 젖어드는
애틋한 그리움

유리창 너머
구성지게 걸리는
빗방울 소리

메타세쿼이아 숲길에서

고즈넉한 숲길을 걷는다
커다란 나무 사이로 하늘은
아스라이 멀어져간다
밑동마다 정오의 빛이 잘리고
오롯이 그늘이 드리워지면
저 고요의 숨결은
태고의 심장 박동인가

점점 깊어갈수록 드러나는
나무의 우람한 이력
초록물이 생각을 덮을 때면
세상을 일깨우는 맑은 소리
녹색 허리를 싸고도는
낡은 기운들
연기처럼 날아오르고
뿌리를 휘감은 억겁의 바람이
홀연 깨어난 듯 출렁거린다

문득, 태초로부터 시작된 길은
지금 어디쯤 가고 있을까
나무의 품속으로 파고들수록
불안한 뒤안길은 사그라지고

녹음은 성자처럼 우뚝 서서
길이 끝나는 곳에 다시
피안의 길을 열고 있다

사랑은

너른 들판에
샛노란 물결이
서서히 때로는 숨 가쁘게
출렁이며 지나간다

마지막 잎새조차 떠난 가지 끝
빛나는 열매들이 남고
먼 훗날,
그 소망으로 꽃피울
또 하나의 사랑

신록

꽃이 저문 거리는
풀잎 물결로 덮혔다

어디서든 밀려가는 사람들
밀려드는 자동차들
그 끝으로
초록은 홀로 지쳐 가는데

거기 어디쯤인가
그리운 마음 걸치고 싶은
비취 의자 하나
있었으면,

언젠가 그대가 머물던
연둣빛 고운 자리에
삐뚜름한 마음 한쪽 내려놓고
푸르름으로 다다른 세상

어쩌면
말간 얼굴로 찾아 올
그날을 위해
그대의 푸른 집 한 채
깊게 드리우고 싶다

시인의 강

푸념 섞인 강물을
메마른 영혼 속으로
허우적대며 끌어 올렸으나
입술 밖으로 새나간 말들은
빈 메아리로 흩어졌다

기우는 달빛에 자정은 스러지고
가로등불은
뜻 모를 그림자 내보이며
호젓한 길을 연다

갈증의 혓바닥에 젖어드는 낯선 언어
깊은 물속으로 더듬어 가다
끝내 물거품처럼 사라지고야 만다

좀처럼 착지하지 못한 채
불빛에 끌려 파닥이는
밤나방처럼
공허한 눈빛만 흘려보내는데

언제 쏟아질지 모르는
한 밤 먹구름의 기억

캄캄한 강물 위로 비는 내리고
나는 빗줄기 속에서
미완未完의 새벽빛을 응시한다

그대에게 가는 비

언제였을까
마음의 길 잃어버리고
나를 찾지 못해 헤매던 날들

종일 비가 내린다
힘겨운 숱한 짐들이 풀려
어디론가 사라질 때쯤
어스름 장대비는 그대의
빈 구둣발 소리로 들려온다

하루가 시든 향기처럼
떨어진 시간 위에서
마음을 흠뻑 적셔주는 그리움
창가에 기대어
기웃거리는 나뭇잎의 떨림을 본다

그래서일까
안개 속으로 초연히 드러나는
길 하나
그 사이로 한 방울 눈물처럼
내가 있고
산처럼 멀어진 그대가 서 있다

12월

창문 두들기는 빗줄기
굵고 차가운 소리는
마지막 남은 한 장의
깊은 울림인가
한 잎의 이별처럼

나는 흔들리며 일어나
전등을 켠다
그대 보고픈 마음에
함께 걸어온 길
하얗게 써내려 간다

천변의 봄

땅 위에서 더러는 땅 속에서
웅크린 줄기들이
마음껏 물관을 타고
밖으로 직립으로 몸을 뻗치는 날

얇은 옷 하나 걸치고
천변 길에 들어선다
이리저리 흐르는 물살에
굳은 세포가 쭉쭉 펴지는 듯
온몸이 가볍기만 하다

홀로 견딘 백목련 한 그루
연인처럼 다가오고
흙내음 맡으며 언뜻 스치는
빛바랜 뒤안길
한 송이 꽃으로 밀어 올린다

물가에 모여든 작은 돌멩이에
푸른 기운 돋아나고
물소리가 새소리인 듯
귓전에 파닥거린다

>
살찐 구름 몰려와
바람처럼 흩어지면
오랜 그리움 하나
개울 되어 흘러갈 수 있을까

둑 위에 담쟁이
꽃바람 한 자락에
서서히 팔을 벌리는 동안
채비를 마친 불빛들이
하나 둘 걸음을 옮기고 있다

언덕 위에서

오동잎이 뚝뚝 떨어져
낙엽무지 쌓여갈 때
냉기바람 수시로 불어와
흔적의 입술 떨구고 있다

가을빛 언덕은
수채화처럼 물들이고
이루지 못한 사랑의 능선
눈물로 바라보는데

유수 같은 시간을
어찌 발길로만 밟으려 하는가
카멜레온의 위장술 같이
비상하는 새의 날개와 같이
그저 붙잡는 것

끝이 보이지 않는 억새의 물결
커다란 그리움으로 출렁거리는데
떠나고 남은 것들 자리엔
빈 바람이 제집인 양 난무한다

누구일까

혼돈의 한 자락에 갇혀버린
저, 붉은 영혼은

무심하게

소슬바람이 종일 부는 날이다
저물녘
일주문을 지나자
더부룩한 상념 모두 지워지고
잰걸음 느슨하게 풀며
찾아 든 산사의 저녁

적요가 앉은 뜨락엔
바람이 불 때마다 낙엽의
떠나는 소리 스산하기만 하다
산새 소리 제 집 찾아들고
달빛 젖은 산 그림자 내려오면
산방 한 켠에 등 하나 걸린다

나는 낯익은 그늘 벗어 버리고
깊은 산국차 한 모금을 마신다
유유히 흘러내리는
어둠의 조각들
개울물처럼 맑아지는 풍경소리

산사 추녀 끝에서 가을은
바람보다 더 가벼워진다

소나무의 촉

메마른 각을 공중에 나란히 붙이고
서 있는 아파트 군단
둔산 네거리에 서면
유독 눈길 닿는 거리가 있다

빈가지 드러낸 가로수
그 사이로
푸른 기개 솟구치며 더욱 비상하는
겨울 소나무
혹한 속에서 때로는
느닷없는 폭설 속에서도
잔가지 하나 흩트리지 않고
청청한 빛 펼쳐 오른다

사철 내내
한 점 변하지 않는 절개 앞에서
오늘도 나는
온몸으로 나무의 숨결 어루만지며
시들지 않는 근원을 더듬어 본다

어떤 만남

창백한 봄이
메마른 통증에 시달려 허우적거릴 때
단비는
홀연 첫사랑처럼 찾아왔다

그러나
너무 오래 기다린 탓일까
마음 한 켠에 던져진
기우제祈雨祭의 마른 한 구절
뜨거운 햇살이 남기고 간
불신의 고리
한 줄기 빗물이
소망의 틈새에 깃들어도
목마름은 채우지 못한다

몇 개의 채널 속에서
연이어 흘러내리는 말
처음 내린 비는
제대로 해갈이 되지 않아
더욱 애가 탈 거라고 한다
기상캐스터의 젖은 입술이
시든 풀잎을 흔들고 있다

나이트블루밍쟈스민

수많은 날들 지나고
차가운 이 밤
달빛이 꽃잎 위에
무릎을 꿇는다

어느새
흠뻑 젖은 눈은
은밀한 곳으로 빨려 들어가
그대에게 사로잡혔네

도도히 흐르는 밤안개
불빛에 녹아들고
네 몸에서 물빛처럼 떨리면

하나 둘 꽃이 터지고
깊디깊은 창공
탱탱한 달빛 속에
물들어 버렸네

강촌 가는 길

길고 길게 누운 고속도로에
내 몸을 싣고 떠나는 강촌행 버스
겨울 들판은
수백 년 속아낸 듯 운치 있는
수묵화 한 점으로 다가온다
누런빛 길들은 아득하게 뻗어있고
안개 낀 고요만이 흘러다닌다
이따금씩 나타나는 날쌘 바람에
마른 잎들 산마루에 이르러
손 흔들며 어디론가 사라져가고
저 멀리 눈앞에 스치는 마을은
한 시름 잠재우고 넉넉히 풀어진 정경
길 따라 단단히 쌓여 있는 갈무리 볏단
뒤 집 아궁이로 활활 지필 것이다
구불구불 곡예 하는 길
산비탈 청청한 소나무가
봄의 전령처럼 따라 붙는다
긴 터널 벗어나자 멀리 굴뚝에선
어스름 연기가 피어오른다
한 장의 여백에
그리운 그림 다 그리지 못하고
마침내 다다른 조그만 시외버스 터미널

저마다 풀어낸 이야기 목에 두르며
거기, 옹기종기 모여 앉은 달빛 얼굴들
나의 빈 대합실로 성큼 들어오고 있다

두 개의 문

아이는 제 방에 들어가 문을 잠그고
나는 홀로
남겨진 채 쓸쓸했다

서로가 대칭의 눈빛으로 앉아
풍선처럼 부풀어지던
설익은 이야기
어느 순간 귀의 문이 닫히고
누런 벽지만 바라본 듯하다

도대체 아이 눈은
어디를 향하고 있는 걸까
그리고 나는 왜,
그 마음 한 줄조차 읽지 못했을까

돌이켜 보면 언제부턴가
아이 곁에 슬쩍 띄워 놓은 배 한 척
키를 잡은 채
썰물의 경계를 바위처럼 세워놓고
시간만을 흘려보냈던 걸까

어쩌면

아이 세상은
이른 봄날 눈부신 태양과
뭇별들이 숨쉬는 바다인 것을

울음으로 건너 간
문과 문 사이
나는 회한의 눈시울을 붉히는 반달

3부

양말 한 짝

아이가 양말 한 짝을 찾느라 부산하다
3단 핑크레이스 바이올렛 양말
사뭇 다른 형태이니
조바심이 난듯하다

며칠 전 세탁 후 곱게 접어
서랍에 넣어 주었는데
여기저기 뒤집으며 쏟아놓는 물건들
불편한 심기로 쳐다본다

엄마, 혹시 세탁기에 블랙홀 있는 것 아냐?

빙글, 집안을 둘러보니
같이 있어야 할 것들이 따로 논다
수건인지 행주인지 식탁에 널려있고
책이며 장갑들 소파를 점령하고 있다
용도의 경계가 흐려진 틈을 타
빼꼼 열린 옷장 속 옷더미가
튀어나올 듯 이글거린다

툴툴대며 양말을 휙 던지고 가는
뒷모습 속에서 나는

한쪽에 무심했던 신경들
급기야 신발 속으로
턱 갇히는 양말의 신세 같다

그러고 보면
한쪽이 아닌 양쪽이 되어야 우리는
비로소 날개를 얻는 것이다
긴 어둠에 묻힌 것들이
하나 둘 고운 햇살에 널리고 있다

고독한 빙수

그림자가 짧게 스치는 어떤 골목에
허름한 빙수가게가 있다
쌍쌍빙수로 대박 나는 가게라는데
말쑥한 차림의 남자 서성이다
성큼 들어와 눈꽃빙수를 주문한다
오색 떡이 별처럼 박힌 황홀한 얼음
핑크빛 넥타이와 눈이 마주친다
얼마나 시간이 흘렀을까
펄펄 나던 눈꽃이 주루룩
빗물처럼 흘러내린다
수저 든 남자, 유심히
하얀 속살의 그녀인 듯
머뭇거리며 주무르는데
필경 오늘은
그녀를 만날 수 있으리라…
그러나 숨 가쁘게 달려왔을
남자의 얼굴은 차갑게 식어가고
흔들리는 동공은
출입구와 핸드폰을 연신 바라본다
연인들로 북적이던 자리에
어느새 빈 침묵이 쌓여가고
홀로 된 남자는

두 개의 수저를 마주 꽂은 채
끝내 허물어져 가는 빙수를 응시하고 있다

흰 눈 소나타

오롯이 두툼한 옷을 입고
하얀 길에 나서면
어디선가 소복하게 다가서는 그대
바람 머문 나목 앞에서
나는 잠시 지나온 길 되돌아본다

그대의 오묘한 만남을 위해
빈 지평을 바람처럼 떠돌며
계절의 담을 허물지라도
깊은 고독과 함께 멀리로만 달아났다

붉은 눈물 아스라이 스러지고
저문 기억을 눈송이에
몇 번이나 흘려보내고야
비로소 마주할 수 있었던
그대 순백의 미소

그리움이 다할 때
하얀 실루엣이
온종일 펄럭이던 창가
어느 절망의 가지 끝에 매달린
흰 꽃 하나, 가슴깊이 품는다

봄의 미소

마른 나뭇가지에
아침햇살이 촘촘하다
푸른 숨 바람결이 공중에
마음껏 길을 낸 걸까
먼 남녘 끝 매화향기
그윽하게 몰려온다

적막한 숲이
새들의 창문으로 열리고
겨우내 지친 외로움은
저녁 강물 속으로
이내 사그라진다

한 소절 바람의 변주로
길을 나서면
연둣빛 가로수들
그대의 손짓처럼 다가서고
풋향기 속에 마냥 휘청이는
내가 가고 있다

이런 된장

엄마손 된장이 최고라며
고집하는 그에게
잘 팔리는 재래식 된장을 사다가
단단한 두부에 골고루 야채를 넣어
호사스런 밥상을 차린다

때 맞춰 앉은 식탁엔
여전히 부글부글 끓고 있는 찌개
떠먹는 한 수저가 푸짐하다
이때다 싶어 한 마디 했다
구수한 된장 맛이 참 좋지?

그는 건조한 얼굴로
집 된장이 아닌 것 같다며
배가 고파 두부 맛으로 먹는다고 했다

고향의 동창 모임 다녀온 날
묵직하고 허름한 용기 한 통이
식탁에 턱, 앉아 있다

이런 된장!

2월과 3월 사이

혹한을 견딘 나무들
기지개를 켠 듯 탱탱하다
바닥을 쓸던 바람의 끝에서
풀내음이 코끝을 스친다
어디선가 비둘기 한 쌍 내려와
갸웃거리며 사람들 곁에 다가오는데

겨우내 묻혀버린 시간들
거리에 다시 피어나는 걸까
여문 햇빛과 부드러운 바람
길옆 뒤척이는 풀잎소리
걸음마다 젖어드는 땅의 숨결이
포말처럼 밀려든다

어쩌면
길 너머에는
그토록 가슴 시리던 슬픔 한 덩이
여울 되어 흘러가고 있을까
바람이여,
나뭇가지를 타고 오르는 초록빛이여,
차가운 몽유의 날들 벗어 내리고
우련 붉어지는 마음이여

둥근 세상

금붕어 한 마리
이리저리 뒤척이다
빼꼼, 아침을 토해낸다
밤 새워 더는 못 참겠다고
빛살 가득한 물
벌컥벌컥 들이 마신다
거실 창에 붙어 앉은 투명그릇
잔잔한 수면위로
생긋 웃는 아침 햇살
주홍빛 몸에 두르고
핑그르르 맴도는 작은 몸놀림
물 속, 작은 세상 펼친다
움직이는 고요 속에
흔들리는 내 마음
스킨답서스 잎새에 실어 보내니
부챗살 꼬리로 스르륵 밀며
몽글몽글 진주방울
한 움큼 쏘아낸다
맑고 환해라 저, 둥근 세상

바람이 다녀갔다

창밖의 꽃이 화들짝 피었는데
방에는 냉랭한 그늘이
한 구석 웅크리고 있네

한 무더기 바람은
탱탱한 꽃망울을 쥐락펴락

열린 창으로 들어와서는
무릎 담요 밑에 오므린
나의 종아리에도 입술을 대네

파리하게 얼어 있던 꽃나무
발끝부터 붉게 꽃잎을 여네

풀잎

꽃 같은 얼굴로
지상에 나왔으나
가랑 가랑비에 얼룩져 버렸네

나무처럼 반듯하였으나
간들바람에 붙들려
제 몸 내어주었네

담장 곁의 잔잔한 풀꽃
가장 낮은 모습으로
비를 머금었네

초롱한 몸짓으로
바람을 품으며 춤추네

해변의 리듬

멀리서 등대 불빛이
꿈결처럼 나타났다 사라지는
갓밝이 새벽
찬바람이 바다를 부추기고 있다

빗살무늬 새겨진 모래밭에
선명한 손바닥
시간을 잊은 청춘남녀가
파도 따라 밀리듯 밀려가듯
스텝을 밟는다

은물결 위로 푸른 손을 뻗는 남자
손가락 사이로 물방울처럼 튀는 여자
저 멀리 구름 떼가 밀려온다

수평선이 아련히 붉어지면
물결의 리듬 서서히
마음속의 들어차고
단단한 빗장 풀어져
모래동산에 춤추던 발자국
한순간 출렁이며 사라져간다

빈집

빈 들녘에
봄이 다 끝나가는데
무시로 바람만이 오고 간다

촉촉한 황토 고운 빛이
사막의 모래처럼 푸시시 흩날리고
사철 내내 그림자 내어주던
와송 한 그루
누런 모래를 덮고 있다

저 멀리 머무는 공허한 메아리
풀잎 이슬도 사라진
허물어진 뜨락엔
잔물결의 문양만 가득하다

산새소리로 내려오는 산그늘
주섬주섬 걸치고
좌정에 든 어머니의 장독

가을 길

집을 나서면
현란한 길들이 나를 이끈다

어디에서도 지치지 않는 시간
그대 없어도 외롭지 않은 것은
불타오르는 단풍나무 아래 서서
한참동안 눈 맞출 수 있기 때문

바라볼수록 멀어지는 파란 하늘
한 장의 검붉은 나뭇잎은
내게 보내는 전령일까

일기장 갈피마다
샛노란 은행잎 하나 끼우면
그대 사랑 되돌아올까

그리움 되어
저편에 걸리는 홍시 하나

소곤소곤

따가운 햇살이 너울대는 정오
멀리 날아가던 새들이
날개를 드리우며
무성한 잎새에 발을 적신다

진초록 풀잎들
아장거리며 걷는
어린아이 발뒤꿈치로
마냥 즐거운 듯 풀썩이며
흔들어대는 아찔한 몸짓

저만치
길게 늘어진 사랑초 꽃잎이
바람 한 자락 타고 앉아
무언가 가지런히 속삭이며
무뎌진 내 손을 끌어당기네

오후 햇살

고요함이 누운 자리
미세한 먼지 걷치고
달려드는 한 줄기 햇살

잠시 머물 자리
찾다가 흐려진다

어둠 속에서 밝아 오는
또 다른 모습
내 생의 환한 빛살 한 줌

어느덧 내 뒤편 언저리에
희망 하나
걸터앉았다

장미의 연인

끊임없이 발길이 스쳐가는
아파트 출입구 옆
라일락 나뭇가지 사이로
마른 줄기 한 가닥 그늘을 디디며
꽃 한 송이 피워내는 장미나무

빙 둘러보면
모두가 볕 좋은 자리에서
넝쿨 되어 흘러가고 있는데
홀로 어두운 세월 지나
이제 생의 정점을 찍기라도 하듯
오직 한 마음 곱게 매단 채
그대 사랑 기다리는가

가슴에 남는 것은
하나만의 사랑
하나만의 추억
음지에 터 잡았을지라도
끝내 소망을 잃지 않는
붉은 심장의 붉은 숨결 같은 것

알고 있을까

\> 수천의 꽃들 속에서 헤맬지라도
내 마음속에는 언제나
그대만이 살아 숨 쉰다는 것을…

겨울 새

어느 영하의 날이었습니다
가녀린 새 한 마리
텅 빈 하늘에
비틀비틀 날아듭니다

어디로 가야할 지 몰라
빙빙 돌고 있는 새
목적도 없는 슬픈 새

깊어지는 어둠에
더 이상 날 수 없다는 듯
살얼음 같은 땅 위로
툭, 몸을 던집니다
볼수록 처량한 새

오늘이 그런 날입니다
따뜻한 한 시절이
간절히 그리워지는 날입니다

나무에 기대어

낮에 내린 비에
기울어진 나뭇잎 사이로
바람이 슬쩍 찾아 든다

흔들리는 꽃들은
잠시 이별을 토해 낸 걸까
하나의 꽃잎마저 털어내고

맑은 햇살 몇 번 훑고 간 뒤
고운 연초록이 사방에
길을 내고 있다

스러지고 피어나는
계절의 경계에
단단히 기대어 서면

저 먼 곳에서 밀려오는
비, 바람, 긴 햇빛에도
깊이 뿌리내린 나무는
언제나 위안이 되듯
내 곁에 서 있다

갈망

늦은 봄날
도서관 창 너머 석양이 깃들고
붉은 시집 두 손에 받쳐 든 채
고개를 살짝 기울인 그녀의 볼에
살포시 노을빛 스며들었다

메마르고 헝클어진 한줌 바람이
내 깊은 곳에서 불어와
안개 같은 마음을 풀어놓는다

서고 앞에 서면
몇 편의 시는 이미 내면 깊숙이
내 생의 맑은 샘물이 되어 흐르고 있었고
책상에 비스듬히 걸터앉아
낯선 시집 하나 훑어본다

물빛 젖은 언어들이 눈에 고여 들며
손끝에 전해오는 아련한 파장
나는 한동안
망망한 파고에 휩쓸려야만 했다

조용히 낮게

때로는 격렬하게

저무는 창가에
아슬하게 깔리는 빛 그림자
한층 여물어진
능소화 닮은 그녀를 보며
나는 온몸으로 시의 날개를 펼친다

4부

손 편지

흘러간 시간만큼
두툼하게 먼지 쌓인 뭉치들
괜스레 바쁜 나날이 봉인한
옛 사연들이
산그늘처럼 밀려든다

부딪히고 굽이치던 사춘기 시절
진한 우정과 사랑
이별과 만남이
거기,
강물처럼 뒤척이고 있다

한나절 내내
허름한 상자 속에
나를 가두는 그리운 그림자
창밖엔 세찬 비바람이
기억의 나뭇가지를 흔들고 있다

돌이켜 보면
한 장 종이마다 얼마나 많은
기쁨과 한숨이 배어있는가
하얗게 불 밝히며 울음 삼키던

가슴 시린 추억들

연분홍빛에 물들어
마지막 손끝에 가만히
마음을 붙이면
못다 핀 이야기는 다시,
내 안의 영롱한 꽃이 되어 핀다

저녁 7시, 플라타너스

겨울 텅 빈 거리에서
홀로 배회하며 흩어지는 그대
고치처럼 말린 등줄기에
어떤 미련이 남아 떠도는 걸까

파리한 허공에서
부서진 깃발처럼 나부끼는 그대
고향 땅 깊이 다다르지 못한
슬픔의 몸부림일까

지난 여름
푸른 성자처럼 우뚝 서 있던 자리
무수한 바람과 수많은 발길
긴 그늘 속의 가득 찼던 싱그런 기억들

저녁 7시
기울어지는 저편
어둑한 구름이 밀려든다
낯선 이방인처럼
두려움과 외로움을 한 잎에 담고
그대여,
어디로 떠나려 하는가

손끝의 가을

낙엽이 분분히 휘날릴 때면
가을은 시린 손에서
멀리 떠나갑니다

조각하늘에 빈 가지 드러내는
나무숲으로
찬바람이 기웃대며 스며듭니다

한때는 서로에게 눈물 나게 하던
단풍나무 숲이
시든 햇빛과 떠도는 구름을 부르고

발밑에서 서걱거리는 무수한 잎새들
떨어지고 나서야 한데 어우러지는
저 미묘한 몸부림

내 그리움의 밀물은
흩어지는 낙엽위에서 살아나고
먼 별빛처럼
추억 속에 스러집니다

흔적

그녀의 반찬식당은
늘 만원이었다
저렴하다 맛있다 배부르다는
반가운 입소문에
어느 초여름 허기진 배를 안고
지인 따라 찾아간 점심시간

누런빛의 실내는
수십 년 손대지 않은 듯
낡은 풍경이었다
주인여자의 우직하면서 빠른 몸놀림
식당의 가득 찬 손님들 소리보다
더 압도적이던 그녀의 목소리
푸짐한 된장찌개와 15첩 밥상에
모두가 만족스러운 듯 포만에 젖었었다

수개월이 지난 뒤
찾아 간 식당은
차가운 정적이 맴돌고 있었다
번들거리던 문턱이
쩍쩍 갈라지고 틈새마다
죽은 나방 껍질이 뒹굴고 있었다

어둑한 카운터 밑, 뒤집힌
검정 슬리퍼 한 짝

비의 연가

비가 내린다 하루 종일
바람이 휘젓는 공중은
시간을 잊은 듯 허물어지며
흠뻑 젖은 나뭇가지의
적막한 그림자 걸려 있네

불빛 속 저녁 비는
그대 향한 그리운 눈물
고된 하루의 무게가
좌르르 빗물에 풀리면
물살을 가르며 달려가는 마음
허우적대는 시간의 마디마다
일렁이는 상념들

비가 내린다 맹렬히
두 주먹 빗물은
이제 막 헤어져야 할
누군가의 서러움일지도 모른다
바퀴가 남기고 간 어둠의 끝으로
첼로의 구슬픈 가락 한 소절 걸리고
처벅처벅 먼 발자국 소리
어딘가로 스며들고 있네

3월에 내리는 눈

창 밖에 눈이 내린다
고요한 하늘에 젖어드는
하얀빛의 숨소리

무엇에 미련이 남았던 걸까
햇살은 어제의 인연처럼
쌓이는 눈과 하나가 되고

잊혀진 것들
오래된 것들
기억의 아득한 지층 저 너머에서
반딧불처럼 터지는 것들

모두가 꿈꾸는 듯
철없이 고개 드는 낯을 향하여
바람의 눈으로 어루만지고
끊임없이 뒤척이는데

설렘과 아쉬움이
밀물되어 춤추는 아침
내 텅 빈 마음속에
오랫동안 머물다 가렴

꽃무릇

두 갈래의 길

한 사람이 떠나갔네

길도 함께 사라졌네

남아있는 나

기억을 더듬으며

사라진 길 짜고 있네

노랑! 당신

우수雨水가 지나자
봄빛이 마냥 무르익는다
울타리를 넘어온 바람은
숨결조차 부드럽다
풀어진 땅을 헤집고
우뚝 솟은 복수초
겨울 안녕 고하듯 손 흔든다
잠시 어둑해진 하늘에
시샘하듯 나타난 야무진 눈발이
산수유 깊은 가슴으로 파고든다
살포시 기울어진 민들레
나비처럼 날아가 풀썩거리고 싶다
길어진 햇빛은
모퉁이길 기웃거리며
그림자 벗겨내고
바람은 못다 한 말들을
풀잎 위에 풀어 놓는다
홀연히 내 눈길 잡는 그곳에
수선화,
그대가 서 있다

절정

시월의 나무가
불꽃처럼 타들어간다
온누리 하나 되어
마침내 노을빛 스러지고

거친 냇바람 몰려와도
들녘 나무는
어두운 하늘을 이고
쉬이 허물어지지 않는다

거리를 누비던 가로수들
자동차 불빛에 마음 뺏들려도
밤 자락에 전신을 휘감은 채
제 몸 지켜내고 있다

깊은 달빛 드리워지고
나무의 품속으로
자정이 깃들면
나무는 잠을 자는 걸까

밤을 잊은 채
가로등 훤히 불 밝힌

아파트 옆 좁은 골목
가을 물 끓여내느라 분주한
새로운 전통찻집에 찾아들었다

초록의 파장

문을 나설 때면
늘 습관처럼 차 키를 낚는다
낚지 않으면
불안한 듯 허둥거리다가
머릿속 기억을 더듬다가
손에 잡히는 순간
휴休-
제대로 나서게 된다

오늘은
버젓이 제자리에 두고
산뜻하게 길을 나선다
오월의 골목은
아카시아 향기로 가득 메워지고
누군가의 잡담으로 북적이는 한낮
먼 사람조차 함께 걷는다

눈의 촉으로
초록의 몸을 더듬는 순간
발끝에서 올라오는 서늘한 파장
뼛속 깊이 스며들며
한 걸음씩 뗄 때마다
싱그런 몸살 일으키고 있다

폭우

순간
거센 바람이 불었다
팽팽한 검은 구름이
눈 깜짝할 사이 터졌다
몇 미터 남겨두고 어둠속에
나를 묶어버리는 빗줄기
정수리를 흠뻑 적시며
발가락 사이사이
비의 사슬에 걸린다

붉게 여울지는 두 눈에
설핏 젖어드는 얼굴
언제였던가
징검다리 개울가에서
한바탕 물보라를 일으키던
거친 발자국
조각난 물살에 돌아서야 했던
아픈 기억들

먼 길 떠나가는가
어느새 내면 깊숙이 다 적셔놓고
홀연 사라지는

만추

저 끝없이 오묘한 길에
이끌리는 것은 무엇인가

저무는 지평의
다정한 손길 멀어져도
사랑은 더욱 깊어만 간다

단단한 외로움이 가득 차오르면
쉬며 걸으며 차곡차곡 쌓아놓은
소망의 꿈을 열어젖힌다

처음으로 물든 오색의 잎들
처음으로 맺은 금빛 열매들

돌아보면
발간빛 호숫가 저쪽
시들어진 한 시절 조각구름 걸린다

이제 무장무장 사라지는
생의 안개 속으로
지나 온 빈 발자국 모두 지우며
나,
흰 눈 내리는 솔밭길 홀로 걸어가리

무심코

글 한 줄 쓰다

득득

생각 하나 떠올리다

득득

갈라터진 뒤꿈치만
긁어대며
소복이 뜯어놓은
한나절

내란

봄이 되면 꽃들은
왜 일제히 개화하는 걸까
먼저 피워 낼수록 또다시
찬란한 부활을 이루기 때문일까

만개한 벚꽃이
폭죽처럼 쏟아져 내린다
세상의 꽃들이 현란한 몸짓으로
사람들을 불러 세우고
주저 없이 제 몸을 열어젖힌다
어디서나 기웃거리며 걷는 내 곁에
아랑곳하지 않고
어깨를 부딪쳐 오는 사람들

취하고 싶다
그저 아련한 마음 움켜쥐고
집으로 돌아서던 그 길에 멈추어
가장 열린 벚꽃 앞에서
미치도록 취하고 싶다

실바람 한 자락에도 흔들리지 않고
어떤 빗줄기도 젖지 않는

벚꽃 길에서
온몸이 바람 되는
자유의 혼으로 타오르리라

비에 젖는 목련

구름이 서서히 뭉치고 있다
잿빛 구름은 희뿌연 안개로 풀어져
회색도시를 펼치고 있다

내 의지와 상관없이
바닥에 붙어 있는 나
몸의 피톨마저 힘을 잃고
갑자기 울리는 전화벨 소리에
겨우 수화기를 든다

- 왜 하필 비가 오는지

 이 봄날 마음에 숭숭 구멍을 내고 있어

 모난 사슬에 걸려 쓰러지고 말았어

 그래 안녕…

거실 문까지 들이닥쳐
머리칼 풀어 헤친 안개비
온몸에 파고든다
아득한 바다에

지푸라기처럼 흩어진 꽃잎들이
빗물 속에 녹아내리고 있다

여름 나기

베란다에 놓인 해피트리
오늘은 가지마다 고개를 꺾고 있네

오직 한 사랑을 위해 건너 온
먼 동백꽃 같은 마음 시들어가고

노랗게 익어가는 내 안에
단단한 풀잎의 마음 펼쳐 보이네

정오의 빛이 뚝,
떨어지는 망중한

햇빛 속에서 투명한 숨결이
잎새마다 가르는 것을 보았네

탱탱한 호스를 쥔 내 손마디에
여린 생이 스민 듯 핏줄이 돋아나고

나무의 우듬지에는 생의 이력이
다시 분사되고 있었네

자목련의 사랑

어디서 스며왔을까
반쪽 불그스레 찾아 든 사랑
혹여, 온몸 붉어지면
너에게 닿을 수 있을까

하늘 가득 눈부시게 펼쳐 보아도
보고픔 자리에는
바람만이 머물 뿐
어쩌면 네 생이 부서지는 날
나의 사랑이 다다를지도 몰라

별빛 머물던 땅 위에서
흙빛으로 사그라질 때
나는 네 몸 위에
스스럼없이 가서 누웠고
비로소 하나 된 듯 저물어간다

꽃이 피고 지는 순간
빈 바람 속 만남을 뒤로 하고
마음속 깊이 자리한 그림자
노을 진 꽃잎이 그렁한 눈물로
내 가슴을 적시며
먼 지평을 건너가고 있다

투명해지는 밤

매몰찬 추위가 날개 뻗쳤다
몇 장의 잎새를 달고 있는 은행나무
힘겨운 듯 기울어진다
어둠 부풀리는 스산한 바람
미등을 켜고 달리는 바퀴 따라
별들은 급히 내려앉는다
빈 가지 사이로 바람이 잦아들고
제 집 찾아가는 고양이 눈 휘황하다
흔들리는 나뭇잎의 귀 기울이며
저 멀리 밤을 뚫고 날아드는
눈발 한 자락
뻑뻑한 눈 안에
한 꺼풀 흘러내리는 고요
겨울 숲
덩그러니 놓인 벤치에 앉아
홀로 만난 적 있었던가
가만가만 눈송이에 덮여가는 새벽
당신 마음에 가닿으려고
차디찬 유리창에 볼을 댄다

불면의 끝

달빛이 고개를 숙이고 있다
별빛은
가로등 가까이에서 숨죽인다
무엇인가에 부딪쳐 저 홀로 떠다니는
먼 기억의 표류물
떠도는 바람의 아우성과
이따금 고요에 짓눌리는 의식
어두운 십자의 형상으로 묶이고 마는
철 지난 바닷가 미리 보는 환상
온수 매트의 흐르는 물소리
은하수조차 멀리로만 굽이치는가
전등을 켜도
이내 굳어버린 잡념은
이명처럼 물러서지 않는다
창밖에 여명의 붙들려
희미한 눈동자 스러질 때
나는
지느러미 떨어진 한 마리 물고기처럼
서서히 가라앉는다
물의 파동같이 꿈틀거리는 바닥
어디선가 신호음처럼 걸리는 미닫이
새벽 문 열리는 소리

해설

너머의 풍경을 보여주다

황정산 시인·문학평론가

너머의 풍경을 보여주다

황정산 시인·문학평론가

1. 들어가며

　시인은 영원한 노스텔지어에 시달리는 존재이다. 지금 이곳은 그에게는 항상 낯선 곳이고 그가 살고자 하는 곳이 아니기에 그는 어디에 있거나 고향을 떠나온 존재이다. 그는 지금 여기에 살고 있지만, 그의 이상은 다른 곳에 존재한다. 그러기에 그가 있는 곳은 어디든 그가 떠나온 곳에 멀리 떨어진 이방이다. 그는 추방당한 존재이거나 스스로 유배를 선택한 자라 할 수 있다. 그러므로 시인에게 있어서 그리움은 천형 같은 것이다.
　하지만 이 그리움을 표현하는 방식은 시인마다 다르다. 어떤 시인들은 이 그리움의 대상이 부재하는 현실에 대한 비판적 시각을 보여주기도 하고 또 어떤 시인들은 그리움의 세상을 상상하고 그 안에서 위안을 꿈꾸기도 한다. 이정숙 시인은 이들과는 또 다른 방식으로 그리움을 표현하고 있다. 그가 그려낸 그리움의 세계에 좀 더 가까이 가보도록 하자.

2. 부재와 그리움의 형식

　그리움은 부재로부터 온다. 우리는 항상 부재로 인한 결핍을 겪으며 살고 있다. 우리의 욕망이 커갈수록 부재하는 것은 많아지고 그만큼 결핍은 더욱 커 간다. '분노 사회'라는 말이 있을 만큼 사람들의 분노가 커가는 것은 바로 이 때문일 것이다. 이정숙 시인의 시에서도 이 부재와 결핍이 중요한 주제이다.

　　저녁비가 소슬하게 내린다
　　모두가 바쁘게 돌아가는 시간
　　불빛이 명멸하듯 시들어지면
　　빗줄기는 굳은 길목으로 파고든다

　　깊은 어둠속으로 흘러가는 길
　　어느 창백한 가로등 아래 서면
　　우수憂愁로 부르튼 날들
　　가슴깊이 젖어드는데

　　무심히 발길 닿는 곳마다
　　물웅덩이
　　마음속에 쌓인 눈물일까
　　끝내 비워내지 못한 채 서성이며

안개가 밀어낸 바람결에
소리 없이 찾아 드는 슬픔
거기, 꺼지지 않는 한 시절
그 빗속을 거닐고 있다
— 「뒤돌아보면, 비」 전문

비를 눈물로 비유하는 다소 상투성을 보여주긴 하지만 골목과 비를 함께 등치시키는 것으로 독특한 효과를 내고 있다. 자신이 살아온 모든 길이 이 슬픔으로 점철되어 있음을 느끼게 만들어 준다. 이 슬픔의 정체는 밝혀져 있지 않지만 "꺼지지 않는 한 시절"이라는 말에서 불빛처럼 항상 자신의 길을 밝혀주고 있는 어떤 그리움의 모습을 떠올릴 수 있다. 그리고 그 그리움이 모든 슬픔의 근원이다. 그런데 이 시에서 중요한 것은 "뒤돌아보면"이라는 제목의 표현이다. 자신의 삶이 이 그리움으로부터 항상 멀어져 가는 방향으로 진행되어왔다는 것을 말해 준다. 그리운 대상으로부터 점점 멀어지고 그것의 부재는 더욱 강화되고 그만큼 슬픔은 커져가는 삶을 살아온 것이다. 자칫 진부할 수 있는 비라는 소재가 진지한 비유로 탈바꿈한 이유는 바로 삶을 대하는 이런 진정성 때문일 것이다.

다음 시에서의 그리움 역시 같은 맥락에서 설명할 수 있다.

찬바람 속
가을비가 휘날린다
머리칼 오므리며 낯선 기차에

몸을 실었다

긴 숨 허공에 매달며
떠나가는 기차에
아련히 젖어드는 외로움
빗물지는 차창에 어리는 얼굴

아직도 기억의 갈피마다
그리움은 차올라
끝내 지울 수 없는
사랑의 꽃 진 자리

귀로의 내 발길 닿는 곳에
이제 어둠은 흩어지고
가로등 홀로 불 밝힌
길 위를 걷고 있다
— 「돌아오는 길」 전문

시인은 어디로부터 돌아오고 있을까? 바로 그리움의 대상이 존재했을 것 같은 과거의 기억 속에서 돌아오고 있다. "아직도 기억의 갈피마다/ 그리움은 차올라"라는 구절이 그것을 말해준다. 돌아온다는 것은 그러한 기억 속의 그리움의 존재로부터 멀어져 현실로 되돌아 오는 것을 말한다. 우리는 이렇게 항상 그리운 것으로부터 멀어져 간다. 그리고 가끔은 일상의 삶 속에서 그러한 그리운 존재마저 망각하고 살고 있다. 시인은 끊임없이 이 존재를 불러내서 우리의 삶이 상투적인 일상의 세계에 매몰되지 않도록 우리를 각성시키는 사람이다. 이 시에서의 "낯선 기차"는 바로 익숙한 일상의 세계에서 우리를 시적 순간으로 이르게 하는 매개일 것이다.

  이정숙 시인의 시에는 뒤돌아보는 이미지가 자주 등장한다. 다음 시도 마찬가지이다.

열린 문이 닫히고
무음 무색무취의
순간들 드리우면
나는 아슬한 벼랑에 선다

저 한낮의 적요는
황사와 미세먼지로 팽창하며
회색 도시를 짓누른 채
시간은 통증의 수위를 높여 간다

무심코
고개 돌린 눈앞에 스치는
기억의 프리즘
아른대는 흔들림은 무엇인가

네모 반듯 액자틀 속에
나란히 갇힌 것들
점점 침잠되는 실루엣 한 점
외면하며 단단히 버티는

눈물 젖은 그림자

덜컹,
소리가 걸린 문틈 사이로
비치는 해거름이
내 뒤편의 깊은 잔상을 지우고 있다
— 「내 안의 시간」 전문

열린 문이 닫힌다는 것은 과거와의 단절을 의미한다. 이미 시작된 현재의 시간은 과거로부터 온 것이긴 하지만 문을 닫음으로써 현재와 과거 사이를 단절시키고자 한다. 그러면서도 시인은 눈앞에 "아른대는" "기억의 프리즘" 때문에 흔들리고 있다. 이 흔들림이 시인으로 하여금 "눈물 젖은 그림자"를 만들도록 하고 있다. 기억으로부터 슬픔을 떠올린다는 것은 항상 자신의 삶 속에서 그리움을 만들어내고 있는 결핍의 존재가 있었다는 것을 의미한다. 일상의 삶을 견디고 산다는 것은 이 기억 속의 그리움을 지우고 사는 일이다. 시인은 그것을 "내 뒤편의 깊은 잔상"이라고 표현하고 있다.
　하지만 이 잔상은 쉽게 지워지지 않는다. 애써 시간의 문을 닫아 이 기억으로부터 단절하고자 하지만 기억이 떠올리는 흔들림까지는 막을 수 없다. 왜냐하면 가슴 속에 내재해 있는 그리움의 존재를 우리는 완전히 지우고 살 수 없기 때문이다. 바로 이것을 확인하는 시간이 이 시의 제목이기도 한 "내 안의 시간"이다.
　하지만 이러한 기억 속에만 머물러 그리움이 주는 슬픔에만 매몰되어 살 수는 없는 일이다. 시인은 이 그리움의 기억을 또 다른 희망으로 전환하고자 한다.

> 시린 발등을 두 손으로 감싸며
> 생의 바닥에 납작 몸을 붙이자
> 무심히 스쳐 지나간 상흔들
> 이미 잠겨버린 마음의 출구에서
> 어지럽게 요동치는 몽유의 나날들
> 열 손가락 마디마디가
> 비의 뼈처럼 흐물거린다
>
> 한동안 헤맨 물길 속에서
> 이제 나는
> 어둠의 젖은 바닥을 치고
> 구름 걷힌 환한 햇살 한 줌
> 내면 깊숙이 품어보리라
> ―「일어서는 바닥」 부분

기억 속의 그리움은 시인으로 하여금 한없이 바닥으로 내려가게 만든다. 부재와 결핍의 슬픔이 우리에게 욕망으로 지탱하는 생의 충동을 빼앗아가기 때문이다. 결핍이 에로스를 불러일으키지 못하고 타나토스로 나타나 절망과 자기 파괴의 정서를 만들어내기 때문이다. 현대인들이 겪는 우울증과 그로 인한 자살은 바로 이러한 과정을 통해 나타난다. 시인은 바로 이 절망의 끝에서 "환한 햇살 한 줌"을 포기하지 않는다. 그리움을 채우지 못한 절망을 새로운 그리움으로 다시 시작하는 방법이다. 이렇듯 이정숙 시인의 시들에 나타나는 그리움은 슬픔과 절망으로 귀결되는 것이 아니라 새로운 희망을 내면에서 추동하는 희망의 에너지로 전환된다.

3. 그리움 너머의 세상을 보여주기

 이정숙 시인의 시의 큰 장점은 생생하고 실감 나는 묘사에 있다. 묘사는 사물의 모습을 있는 그대로 그려 보여주는 방식의 글쓰기이다. 그런데 보여준다는 것은 쉬운 일이 아니다. 우리는 어떤 것을 인식할 때 자신의 관념의 틀로 받아들이기 때문에 그것으로 번역하여 기억하고 또 표현한다. 그래서 원래 사물이 가진 그대로의 모습은 사라지고 앙상한 추상으로만 남아있게 된다. 이정숙 시인의 시들은 이 추상으로 해체되어버린 원래의 구체성을 회복시켜 보여준다. 시인은 그러한 자신의 시작 태도를 다음과 같이 고백하기도 한다.

> 언제 쏟아질지 모르는
> 한 밤 먹구름의 기억
> 캄캄한 강물 위로 비는 내리고
> 나는 빗줄기 속에서
> 미완未完의 새벽빛을 응시한다
> ―「시인의 강」부분

 우리는 모두 기억을 지우면서 그것을 몇 개의 관념으로

추상화시키며 산다. 그러므로 항상 기억은 캄캄한 어둠의 심연으로 남아있다. 시인은 그것을 다시 세상으로 끌어내고자 한다. 캄캄하고 비가 온다고 해도 "미완의 새벽빛을 응시"하는 이유는 바로 여기에 있다. 그렇게 해서 다시 생생하게 구체화된 현실은 무엇을 말해줄까?

혹한을 견딘 나무들
기지개를 켠 듯 탱탱하다
바닥을 쓸던 바람의 끝에서
풀내음이 코끝을 스친다
어디선가 비둘기 한 쌍 내려와
갸웃거리며 사람들 곁에 다가오는데

겨우내 묻혀버린 시간들
거리에 다시 피어나는 걸까
여문 햇빛과 부드러운 바람
길옆 뒤척이는 풀잎소리
걸음마다 젖어드는 땅의 숨결이
포말처럼 밀려든다

어쩌면
길 너머에는
그토록 가슴 시리던 슬픔 한 덩이
여울 되어 흘러가고 있을까
바람이여,
나뭇가지를 타고 오르는 초록빛이여,

차가운 몽유의 날들 벗어 내리고
우련 붉어지는 마음이여
―「2월과 3월 사이」 전문

겨울 끝자락 스산하고 황량한 풍경 속에서 감지되고 있는 봄의 기미들이 잘 묘사된 작품이다. "길옆 뒤척이는 풀잎소리" "걸음마다 젖어드는 땅의 숨결" 등의 실감나는 묘사가 단순한 보여주기에 그치지 않고 "차가운 몽유의 날들 벗어 내리고"라는 희망적 주제를 잘 담아내고 있다.

이렇게 볼 때 이정숙 시인의 시들에서의 묘사는 단순하게 지금 현재 여기의 모습을 보여주는 것이 아니라 그것을 통해 그 너머에 있는 그리움의 세계에 대한 어떤 이미지를 떠올려주게 한다. 여기를 묘사하지만 그 너머의 세계를 지향하고 있다고 할 수 있다.

다음 시에서 그것을 좀 더 확실하게 확인할 수 있다.

담과 담벼락이 붙을 듯
좁디좁은 서울의 어느 골목길
일렬종대만이 통과 가능한
불안과 그늘이 공생하며
발걸음 자꾸 주춤대던 길

녹슨 대문을 마주한 담쟁이는
축축 늘어진 몸 벽 그늘에 묻고
바람조차 한 자락씩 갈라져
사라져가던 골목

가끔 등 굽은 할매가
문턱에 걸터앉아 지팡이로
늙은 햇볕을 긁어대곤 했다

담장 밑에 꽃나무가 들어서고
바람이 어깨 위로 살랑거리며
풋풋하게 다가오는 골목
등허리 휘던 흔적만이
고스란히 남아
밤하늘 초승달로 기우는데
지나간 낡은 골목은 문득,
어머니의 긴 잠 같기도 하다
― 「웃는 골목」 전문

　서울에 있는 어떤 오래된 마을의 낡은 골목길을 아주 현장감 있게 잘 묘사해 보여주고 있다. 특히 "등 굽은 할매가/ 문턱에 걸터앉아 지팡이로/ 늙은 햇볕을 긁어대곤 했다"라는 구절은 그 골목의 오래된 분위기와 느낌을 정말로 실감나게 전달해주고 있다. 그리고 그 풍경은 곧 어머니와 연결된다. "긴 잠"을 주무시며 이미 돌아가신 어머니에 대한 그리움을 떠올리며 이 풍경의 모습은 잊혀지고 사라진 사랑을 떠올린다. 지금 시인이 본 풍경과 그것에 생생한 묘사는 그가 간직하고자 하는 사랑과 그리움의 실체로 절절하게 다시 태어난 것이다. 이렇듯 이정숙 시인의 시들은 묘사를 통해 지금 여기 그 너머의 세계를 보여준다.
　다음의 시는 이 점을 좀 더 분명하게 드러내고 있다.

허공에 가만히 눈을 들여보니
자분자분 붉은 바람이 날고 있다
푸름에서 붉음으로
사위어 가는
나뭇잎들의 은밀한 곡예

바스락 대는 소리에 놀란
나의 눈이 길을 닫는다
뻑뻑하던 귀가 열리고
다시 붉고 노란
두툼한 길이 열린다

높다란 숲이 바람에 붙들려
싸르싸르 소란스럽다
아무렇게나 흔들리는 몸

지금, 한 잎이
포물선을 그리며
살포시 내 옷깃에 와 붙는다
— 「낙엽의 귀」 전문

시인은 낙엽이 떨어지는 길 한 가운데 서 있다. 거기에서 나뭇잎들이 떨어지는 "은밀한 곡예"를 바라보고 있다. 낙엽이 떨어지는 가을은 한 시간이 닫히는 시기이다. 시인은 바로 그것을 생각한다. 하지만 여기에서 시인은 어떤 한 시간의 끝까지 생명의 다함만을 생각하지 않고 또 다른 길을 본다. "두툼한 길이 열린다"는 구절이 그것을 말해 준다. 그리고 거기에 화답하듯 죽은 낙엽이 자신의 옷깃에 살포시 달라붙는 것을 느낀다. 그리고 이 낙엽이 자신의 희망의 전언을 들어주리라 믿는다. 시의 제목이 "낙엽의 귀"인 이유가 바로 이것이다.

빈 들녘에
봄이 다 끝나가는데
무시로 바람만이 오고 간다

촉촉한 황토 고운 빛이
사막의 모래처럼 푸시시 흩날리고
사철 내내 그림자 내어주던
와송 한 그루
누런 모래를 덮고 있다

저 멀리 머무는 공허한 메아리
풀잎 이슬도 사라진
허물어진 뜨락엔
잔물결의 문양만 가득하다

산새소리로 내려오는 산그늘
주섬주섬 걸치고
좌정에 든 어머니의 장독
— 「빈집」 전문

세상의 모습을 제대로 본다는 것은 이 세상을 지배하고 있는 결핍과 그로 인한 슬픔을 받아들이는 것이다. 사람들은 이것을 받아들이기 힘들어 현실에 없는 허상에 집착한다. 하지만 시인은 이 결핍으로 비어있는 현실을 정면으로 응시한다. 세상은 온통 허물어지고 비어있다. 시인은 이 비어있는 풍경 속에서 또 다른 모습을 본다. 그것은 그 빈 공간을 채우고 있는 어머니의 모습이다. 결국 시인이 현실 너머의 풍경 속에서 찾아낸 그리움의 실체는 사랑이라 할 수 있다.

> 너른 들판에
> 샛노란 물결이
> 서서히 때로는 숨 가쁘게
> 출렁이며 지나간다
>
> 마지막 잎새조차 떠난 가지 끝
> 빛나는 열매들이 남고
> 먼 훗날,
> 그 소망으로 꽃피울
> 또 하나의 사랑
> ―「사랑은」 전문

4. 맺으며

이정숙 시인의 이번 시집, 『뒤돌아보면, 비』의 시들에는 슬픔과 그리움의 정서가 주조를 이루고 있다. 슬픔은 있어야 할 것이 없는 부재와 결핍에서 기인하는 정서이다. 우리는 살아오면서 많은 것을 상실하고 살아간다. 아니 그렇게 생각하면서 살고 있다. 그러나 사실은 모든 것이 충만한 과거의 시간은 존재하지 않았다. 그것에 대한 막연한 그리움이 언젠가 있었던 것처럼 상상하게 만든다. 이정숙 시인은 이 과거와 단절을 통해 우리가 그리워하는 것의 실체를 찾고자 한다. 그러기 위해 지금 여기의 삶이 가지고 있는 삭막함과 고통과 비어있음을 생생한 묘사를 통해 우리에게 보여준다.

  하지만 이 보여주기는 그 너머를 생각하게 한다는 데에 큰 의미가 있다. 현실의 풍경을 보여 주지만 그것은 현실 너머의 그리움의 실체를 생각하게 만든다. 따뜻하고 아름다운 언어들로 이루어진 쉬운 시들이지만 결코 상투적인 감상에만 머물지 않고 독자들로 하여금 사색과 성찰의 시간을 갖게 하는 힘을 가지고 있다.

이정숙

이정숙 시인은 서울에서 태어났고, 2015년 『호서문학』 우수작품 신인상으로 등단했으며, 한국낭송문학대상, 목원문학상을 수상했다. 현재 시인, 시낭송가, 한국낭송문학협회 부회장, (사) 아노복지재단 '전국글짓기 공모전' 대회 심사위원, 자서전 전문 제작 '추억의 뜰'에서 작가로 활동하고 있으며, 『한국 관세 신문』에 '이정숙의 시와 사람' 칼럼을 연재하고 있다.
이정숙 시인의 시집 『뒤돌아보면, 비』의 시적 주제는 그리움이며, 그리움은 어떤 대상의 부재와 욕망의 결핍에서 기인한다. 비는 눈물이 되고, 눈물은 슬픔이 되어, 이루지 못한 사랑과 이룰 수 없는 사랑을 더욱더 간절하게 찾아 헤매게 한다.

이메일 : ljs5156@hanmail.net

이정숙 시집
뒤돌아보면, 비

발　　행　2019년 9월 30일
지 은 이　이정숙
펴 낸 이　반송림
편집디자인　김지호
펴 낸 곳　도서출판 지혜
　　　　　계간시전문지 애지
기획위원　반경환 이형권 황정산
주　　소　34624 대전광역시 동구 태전로 57, 2층 도서출판 지혜 (삼성동)
전　　화　042-625-1140
팩　　스　042-627-1140
전자우편　ejisarang@hanmail.net
애지카페　cafe.daum.net/ejiliterature

ISBN : 979-11-5728-368-2 03810
값 9,000원

이 책의 판권은 지은이와 도서출판 지혜에 있습니다.
양측의 서면 동의 없는 무단 전제 및 복제를 금합니다.

* 이 사업은 대전광역시, (재)대전문화재단에서 사업비 일부를 지원받았습니다.